AF262313

774

17548

Lapivardière

Marguerite Chauvelin
femme de Louis de la Piuardiere

FACTUM

SERVANT DE REQUESTE,

contenant demande en Réparation d'honneur de la Dame de la Pivardiere.

A NOSSEIGNEURS DE PARLEMENT
en la Chambre de la Tournelle.

Upplie humblement MARGUERITE CHAUVELIN, Dame Epouse de Loüis de la Pivardiere, Ecuyer Sieur du Bou-cher : DISANTE qu'encore que le Château de Nerbonne, dans lequel elle demeure, ne soit point dans le ressort du Présidial de Châtillon, & que la Justice de Ner-bonne releve en premiere Instance de Lucé, & par appel à Saint Aignan, & de Saint Aignan à Blois, nean-

A

moins Maiſtre Jean Bonnet, Lieutenant Particulier à Châtillon, s'eſt aviſé le cinq Septembre dernier de ſe faire rendre plainte par Maiſtre François Morin, Procureur du
Roy audit lieu, de deux faits également calomnieux.

Le premier eſt de ce que ledit Morin a dit avoir appris
par bruit commun, que la mauvaiſe conduite de la Suppliante avoit fait abſenter ledit ſieur de la Pivardiere.

Et le ſecond eſt, de ce que ledit ſieur de la Pivardiere
eſtant venu le quinze Aouſt dernier audit Château de
Nerbonne, elle l'avoit tué ou fait tuer la nuit du 15. au
16. Aouſt dernier audit lieu de Nerbonne, & que ſa
teſte avoit eſté trouvée dans des bois taillis, prés ledit lieu
de Nerbonne.

En conſequence de cette plainte, ledit Bonnet s'eſt
tranſporté ſur les lieux le 6. Septembre & jours ſuivans,
& a oüy pluſieurs Témoins qui n'ont parlé de ce ſuppoſé aſſaſſinat que par des oüy dire, & n'ont nullement
parlé de la ſuppoſée mauvaiſes conduite énoncée en la
plainte.

Le ſept dudit mois, il a ſur ces oüy dire, decreté priſe
de corps contre la Suppliante & contre deux petits enfans
qu'elle a, l'un âgé de quatre ans, & l'autre de neuf, & contre les domeſtiques de la Suppliante, & les ſeize & vingt-
neuf dudit mois de Septembre, leſdits Morin & Bonnet
ont en vertu de leur decret, envoyé un grand nombre
de Sergens & Archers, par leſquels ils ont fait enlever
tous les meubles & effets qui eſtoient dans ledit Château
de Nerbonne, ce qui obligea la Suppliante de leur faire
ſignifier le vingtiéme Septembre qu'elle eſtoit appellante
comme de Juge incompetant, de cette procedure extraordinaire, & qu'elle les prenoit à partie en leurs propres
& privez noms, attendu meſme que le crime dont ils
l'accuſoient eſtoit ſuppoſé, & le vingt-quatre dudit mois
de Septembre elle obint Arreſt de la Cour, par lequel
elle fut receuë Appellante comme de Juge incompetant
de ladite procedure extraordinaire, & permis à elle de
prendre leſdits Bonnet & Morin à partie, ſur lequel appel

& prife à partie, elle les a fait intimer le trente dudit mois de Septembre, & dés le 27. du mefme mois de Septembre elle leur avoit fait fignifier des Actes & Procés verbaux juftificatifs que ledit fieur de la Pivardiere avoit efté veu vivant & exiftant au Bourdieux, à Châteauroux & à Iffoudun les 16. 17. & 19. dudit mois d'Aouft, & depuis on leur a encore fait fignifier plufieurs autres Actes auffi juftificatifs de la mefme vie & exiftance ; & au lieu par eux de déferer audit Appel & prife à partie, ou du moins aufdites fignifications à eux faites defdits Actes de vie & exiftance, & d'ouïr & entendre les perfonnes domiciliez qui avoient declarés avoir veu ledit fieur de la Pivardiere vivant & exiftant depuis ledit jour quinze Aouft, & de commencer par ouïr les huit Gentilshommes & Dames voifines qui eftoient au fouper du quinze Aouft, ils ont affectez de n'ouïr en leurs premieres Informations que des gens de néant, à qui ils n'ont neanmoins pû faire dépofer du prétendu affaffinat, que par des ouï dire, & par les deux premiers Interrogatoires de Catherine Lemoine, l'une des trois fervantes de la Suppliante, des 17. & 27. Septembre dernier, elle a dénié le prétendu Affaffinat, & n'a point parlé de la fuppofée mauvaife conduite, non plus que tous les Témoins qui ont efté ouïs jufqu'audit jour 27. Septembre dernier; & comme Bonnet & Morin avoient faifi & enlevé tous les meubles & effets de la Suppliante les feize & vingt-neuf dudit mois de Septembre, dans la veuë d'en appliquer le prix à leur profit : ledit Bonnet a par fes menaces & intimidations fait dire à ladite le Moine, par un troifiéme Interrogatoire du quatre Octobre le contraire de ce qu'elle avoit dit par fes deux précedens Interrogatoires des 17. & 27. dudit mois de Septembre, & a dit qu'elle avoit veu ledit fieur de la Pivardiere mort le quinze Aouft en une chambre de Nerbonne; il a fait dire la mefme chofe à Marguerite Mercier, l'une des autres fervantes, par deux Interrogatoires des 9. & 27. Octobre dernier.

Et quant à Luquette Rifé, qui eft la troifiéme fervante,

qui a couché ladite nuit audit lieu de Nerbonne, qui a esté par eux ouye pour seiziéme Témoin de leur seconde Information du 3. Decembre & jours suivans, elle a dénié l'assassinat prétendu ; & aprés que Bonnet a par les menaces par luy faites de faire donner les gesnes & la question ausdites le Moine & Mercier, fait dire par lesdits Interrogatoires des 4. 9. & 29. Octobre, toutes les faussetez que la Suppliante a apris avoir esté depuis par elle retractées à leurs confrontations de l'un des accusez : ledit Bonnet ayant averty le Vicegerant de Bourges des faussetez contenuës aux trois derniers Interrogatoires des 4. 9. & 27. dudit mois d'Octobre, ledit sieur Vicegerant seroit venu à Châtillon le vingt Novembre ensuivant, lequel jour Bonnet Juge incompetant, suspect & pris à partie, & qui a depuis plus de trente ans des procez contre la famille du sieur Charrost l'un des accusez, remit és mains du sieur Vicegerant tous lesdits Interrogatoires & Informations, & apparemment luy remit aussi, ou a deû luy remettre les significations à luy faites desdits Actes de vie & existance, signifiez aussi bien que les copies d'Arrests & Intimation & prise à partie à luy signifiés les 20. 27. & 30. dudit mois de Septembre precedent.

Le lendemain vingt-un dudit mois de Novembre, ledit sieur Vicegerant a decerné un Decret de prise de Corps contre ledit sieur Charrost, dans lequel il énonce que la Suppliante a fait assassiner ledit sieur de la Pivardiere son mary.

Voilà le premier sujet de plainte que la Suppliante a lieu de faire contre ledit sieur Vicegerant, de ce qu'il l'a nommée en son Decret.

Le second moyen est en ce que ledit sieur Vicegerant, à qui Bonnet avoit remis, ou deû remettre, les significations à luy faites desdits Actes de vie & existance, & prise à partie, a passé plusieurs fois à Châteauroux, au Bourdieux & à Issoudun, où la Pivardiere avoit esté veu vivant & existant les 16. 17. & 19. Aoust dernier, aussi bien que les 13. & 14. du mesme mois, suivant qu'il est porté par lesdits

dits

dits Actes des 21. & 22. Septembre, signifiez le 27. dudit mois; Cependant ledit sieur Vicegerant qui a passé plus de six fois depuis ledit temps dans lesdits lieux, comme étant son chemin pour aller & venir de Bourges à Châtillon, comme il a fait, il n'a point voulu entendre les particuliers dénommez ausdits procez verbaux signifiez, & à luy remis par Bonnet le 20. Novembre.

On a aussi signifié à Bonnet & Morin, tant pour eux que pour ledit Vicegerant des Actes des 7. & 22. Octobre justificatifs que la Pivardiere a esté veu à Auxerre, depuis la fin du mois d'Aoust dernier jusqu'au 7. Octobre, & bien qu'Auxerre soit peu éloignée de Bourges, & qu'il ait esté dit ausdits Bonnet, Morin & Vicegerant que ledit la Pivardiere a esté à Auxerre jusqu'audit temps, comme il est prouvé par ledit Acte du 7. Octobre à eux signifié, ils n'ont ny les uns ny les autres voulu faire assigner ny ouyr aucunes des personnes dénommez ausdits Actes à eux signifiez, ny une infinité d'autres qui sont prests à déposer qu'ils l'ont veu vivant & existant, non seulement les 16. 17. & 19. Aoust aux Bordieux, à Châteauroux, à Issoudun & à Auxerre depuis la fin d'Aoust jusqu'au sept Octobre suivant, mais aussi une multitude d'autres personnes qui l'ont veu au bourg de Jeu, Paroisse de Nerbonne, depuis le huitiéme Janvier dernier, jusqu'au vingt-sept dudit mois, il s'y est fait reconnoître luy-mesme devant le Juge de Romorantin, non seulement par les huit Gentilhommes & Dames qui étoient au souper du quinze Aoust, mais aussi par le Curé & Habitans de sa Paroisse de Jeu, où est situé Nerbonne, par le Bailly, Procureur Fiscal & Greffier de la Justice de Lucé qui avoient aussi informé & decretté contre la Suppliante pour raison de ce supposé assassinat un mois aprés la procedure dudit Bonnet.

Les Habitans de la mesme Paroisse de Lucé, voisine de Nerbonne, les Gentilhommes & Prêtres des Paroisses voisines, les sœurs, belles-sœurs & enfans dudit la Pivardiere ont tous signé leurs reconnoissances, depuis laquelle lesdits Juges de Lucé ont cessé leurs pourfuites, & non seulement Bonnet, Morin & le Vicegerant n'ont voulu ouyr

B

aucunes de ses personnes, mais aussi plus de deux mille autres qui sont prêtes de déposer.

La Suppliante a un troisiéme lieu de plainte contre Bonnet, Morin & le Vicegerant, en ce que le dix-huit Janvier que la plufpart de toutes les reconnoiſſances ont eſté faites & ſignées au Bourg de Jeu par le Curé & Habitans dudit lieu, leſdits Bonnet & Vicegerant ont procedé le meſme jour chez ledit ſieur Curé de Jeu au recollement des témoins qu'ils avoient ouys, & le meſme jour dix-huit Janvier, qu'ils étoient à faire les recollemens chez ledit Curé, ledit Curé & Habitans ſignerent leurs reconnoiſſances dudit la Pivardiere devant ledit Juge de Romorantin, & les témoins ainſi recolez par leſdits Bonnet & Vicegerant leur ayant repreſenté que depuis le huit Janvier, la Pivardiere étoit venu & avoit eſté par eux veu & reconnu, ils dirent auſdits témoins que ce n'étoit pas leur affaire, & que cela alloit à convaincre leſdits témoins recolez de faux-témoignage s'ils en parloient.

Voilà de quelle maniere les ſieurs Bonnet & Vicegerant ſe ſont conduits pour éclaircir la verité & rendre la juſtice, ce qui eſt contraire au dixiéme article du ſixiéme titre de l'Ordonnance, ſuivant lequel ils ont dû informer à charge & à décharge.

Le quatriéme ſujet de plainte contre le ſieur Vicegerant & l'Official, eſt en ce qu'ils ſe ſont tellement laiſſez prévenir par Bonnet & Morin ennemis declarez du ſieur de Charoſt l'un des accuſez, que la Suppliante a appris que lors qu'ils ont procedé conjointement à la ſeconde information, recollement & confrontation, ç'a eſté Bonnet qui a dicté tout ce qui a eſté dit, ſoit par les témoins, ſoit par leſdites Lemoine & Mercier ſervantes, & par les interrogatoires & confrontations, il y a eu tant d'intelligence entr'eux, que ledit Vicegerant a toûjours beu & mangé pendant l'inſtruction avec Bonnet & Morin, & les 6. 7. & 8. Mars dernier que le ſieur Official a procedé avec Bonnet aux confrontations de l'un des accuſez, il a feſtiné & diſné chez Bonnet & Morin accuſateurs & pris à partie, & ledit Official les a auſſi tous regalez à l'Auberge où il étoit logé, le dernier jour de la confrontation.

Le cinquiéme sujet de plainte contre les sieurs Bonnet & Official, est en ce que la Suppliante a aussi appris que lors qu'ils ont procedé aux confrontations de l'un des accusez, Bonnet a, en présence dudit sieur Official, ménacé les deux servantes en plus de vingt articles dans lesdites confrontations, de leur faire leur procez comme à de faux témoins lors qu'elles retractoient les faussetez de l'assassinat prétendu, & qu'elles declaroient que c'étoit par les ménaces que Bonnet leur avoit faites, qu'il leur avoit fait dire en leurs interrogatoires ces faussetez qu'elles ont retractées en ladite confrontation, & les ont tellement intimidées, que cela les a empeschées de faire de plus amples retractations.

En ce que la Suppliante a aussi appris qu'ils ont refusé en plusieurs endroits de la confrontation, de faire les interpellations aux témoins de faits essentiels qui alloient à éclaircir la verité dont l'accusé les a requis, comme il est désiré par le 22. article du quinziéme titre de l'Ordonnance ; & au lieu de faire lesdites interpellations aux témoins, ils luy ont seulement donné Acte d'icelles.

En ce qu'en haine des retractations, Bonnet & ledit sieur Official ont fait mettre à l'instant desdites confrontations lesdites Mercier, & Lemoine dans les cachots, où ladite Mercier a esté vingt-quatre heures, & ladite Lemoine six jours & six nuits, & où ils les ont obligées hors la présence de l'accusé, de leur faire des declarations pour les sortir desdits cachots, par lesquelles ils les ont fait dédire de ce qu'elles avoient retracté ausdites confrontations.

Et encore en ce que ladite declaration ainsi extorquée de ladite Lemoine est posterieure à une Ordonnance du 14. Mars dernier, renduë par Bonnet sur les Conclusions dudit Procureur du Roy, mise au bas de la confrontation de ladite Lemoine, qui porte que son procez luy sera fait & comme à un faux témoin, lequel procez ils n'ont tenu compte d'instruire depuis ledit temps, suivant qu'il est désiré par l'Ordonnance.

Le sixiéme sujet de plainte contre les sieurs Vicegerant & Official est, en ce que par la Sentence de contumace du premier Février dernier, signifiée le vingt-sept dudit mois de Février, ils ont prononcé que la Suppliante a eu depuis plusieurs années, avec scandale, un mauvais commerce avec le sieur Charrost, ce qu'ils n'ont pu ny deû faire, veu que non seulement ils n'ont aucune jurisdiction sur elle, mais encore parce qu'elle n'a jamais eu aucun mauvais commerce avec ledit Charrost ny autres, & estant d'extraction noble, parente & alliée de personnes qualifiées & en dignité, & ayant toûjours vescu avec honneur & sans reproche, & son premier mary & son second mary n'ayant jamais soupçonné sa conduite, & paroissant par les Lettres que ledit sieur la Pivardiere luy a écrites depuis 1691. jusqu'à present, dont la verification est requise, qui sont pleines de tendresse, d'estime & d'amitié pour elle ; & s'étant plaint par Acte des vingt-deux Octobre & treize Janvier dernier, des poursuites contr'elles faites, & ayant mesme pris à partie lesdits Bonnet & Morin, & fait informer le dix-neufiéme Janvier dernier contre ceux qui ont publié de telles calomnies ; il n'est pas juste que l'entreprise que lesdits sieur Official & Vicegerant ont fait de nommer la Suppliante en leur Decret & Sentence, demeurent sans reparation.

Le septiéme sujet de plainte contre Bonnet & Morin, & le sieur Official, Vicegerant & Promoteur, est en ce que par les Plaidoyers de leurs Avocats, ils ont nommé hautement & publiquement la Suppliante, & l'ont accusée non seulement de l'assassinat dudit la Pivardiere, mais aussi du supposé mauvais commerce, avec tout le scandale possible, ce qui ne se peut tolerer, ny moins encore d'avoir nommé dans leur Decret & Sentence la Suppliante, les Juges des Officialitez ne devant pas nommer les femmes avec lesquelles ils prétendent que les Prestres ausquels ils veulent faire le procez ; cela a toûjours esté reprimé par les Arrests intervenus sur lesdites matieres, & par la Declaration du mois d'Avril 1695.

rendue

renduë en faveur des Ecclefiaftiques, il eft porté par le
43. Article que les Archevefques ou Evefques ne pour-
ront eftre pris à partie par les Ordonnances & Jugements que eux ou leurs Officiaux auront renduës, & que
leurs Promoteurs auront requis dans la Jurifdiction con-
tentieufe.

Et enfuite il eft dit, *& excepté ſi ce n'eſt encas de Calom-
nie apparente & lors qu'il n'y aura aucune partie capable de répondre des dépens, dommages & intereſts, qui ayt requis ou qui
foûtiennent leurs Ordonnances & Jugements.*

Or au rencontre dont il s'agit, les Accufations dont
il eft queftion font calomnieufes : il n'y a point de partye capable qui ayt requis ny qui foutienne ce qui a efté
induëment fait contre la Suppliante par lefdits Officiers
de l'Officialité, & partant elle eft en droit de demander
reparation contre lefdits Official, Vicegerant & Promoteur ; avec dommages, interefts & dépens, & il y auroit
mefme lieu de les prendre à partie, puifque leur procedure a attaqué l'honneur de la Suppliante qui eft bien
fondée à en demander reparation.

A l'égard defd. Bonnet & Morin, la prife à partie formée
contre eux eft fans difficulté ; car ce font eux qui font
les Autheurs & les feuls Accufateurs des Calomnies dont
il vient d'eftre parlé, le mary de la Suppliante à des
Freres, des Sœurs, une belle Sœur, deux autres Sœurs,
& des Nepveux fur les lieux qui n'auroient pas manqué
d'eftre partyes ou d'intervenir dans les Accufations dont
il s'agit, fi elles avoient la moindre apparence de verité,
& Bonnet & Morin n'ont point de Denonciateur, puifque Morin dit que c'eft fur le fuppofé bruit commun qu'il
a rendu fa Plainte le 5 Septembre.

Quand ils auroient un Denonciateur, que non, il faudroit qu'il euft baillé bonne & fuffifante caution receuë
en Juftice, de la folvabilité duquel il faudroit toujours
que Morin demeuraft garand pour répondre des dommages & interefts des Accufez, & le pretendu Bruit Public énoncé en la Plainte que Morin a renduë à Bonnet
qui eft une imagination, ne le peut exempter de la Prife à

partie & bien loin q'aucun desd. parens du mary de la Suppliante se soient renduës partyes contre aucuns des accusez ny qu'ils veulent intervenir pour se rendre partyes contre la Suppliante & les Accusez; au contraire , ils ont reconnu la Pivardiere au mois de Janvier dernier, & si le mary de la Suppliante ne demandoit pas luy - mesme la reparation desdites Calomnies contre lesdits Bonnet & Morin, lesdits parens ne manqueroient pas de se rendre Partye contre lesdits Bonnet & Morin, & les Officiers de lad. Officialité, pour avoir reparation desd. Calomnies.

Ainsi c'est donc Bonnet & Morin qui sont les seuls & veritables Partyes, leur Plaidoyé a parfaitement fait connoistre qu'ils sont les veritables Accusateurs, puisque dans la Plaidoyrie ils ont accusé avec hardiesse la Suppliante ; non seulement d'avoir assassiné & fait assassiner son mary, mais aussi ils ont fait plaider que la Suppliante avoit commis Adultere, & ses Plaidoyers estant faits en la presence de Morin, qui bien loin d'avoir pu justifier l'assassinat pretendu, & d'avoir pu trouver le Cadavre du mary de la Suppliante mort ; au contraire, il a veu le Corps vivant les dix-neuf & vingt Janvier dernier, & a *signé avec luy un Procez verbal fait devant le Juge de Romarantin.*

Or, si cette signature faite avec le mary de la Suppliante, & plus de trente autres qu'il a faites dans ledit Procez Verbal avec des Prestres, des Religieuses, des Officiers de Justice, des Gentils-hommes & Dames, & Habitans, tous ses Voisins, lesquelles signatures la Suppliante soutient veritables, & dont elle demande la verification. Comment ledit Morin present à l'Audiance a-t-il la hardiesse de faire plaider que le mary de la Suppliante est mort?

Comment Bonnet & luy ont-ils encores eu la temerité de faire plaider publiquement que la Supliante a commis un adultere? Ils ont dit dans leur plainte du 5. Septembre que Bonnet a appris par bruit commun que la mauvaise conduite de la Suppliante avoit fait absenter son mary, & qu'étant venu le 15. Aoust elle l'avoit fait tuer ladite nuit. LA COUR voit que dans cette Plainte il n'est point parlé d'adultere, Morin ne s'en est pas plaint, & n'est partie capable de s'en plaindre, il n'y a que le mary de la Suppliante qui ayt la faculté de s'en plaindre : & bien loing de s'en estre plaint dés le moment qu'il a appris les injustes poursuites faites par lesdits Bonnet & Morin contre la Suppliante, il s'en est plaint par Acte des 22. Octobre 13. & 19. Janvier 1698. & à fait informer le 19. Janvier pour avoir preuve de ceux que l'on pretendoit avoir publié lesdites Calomnies, & par cette Information du 19. Janvier, & jours suivans, qui est és mains de Messieurs les Gens du Roy : LA COUR verra qu'il n'y a presque pas de preuve qu'aucunes Personnes ayent publié lesdites Calomnies. Cela présupposé, il doit donc demeurer pour constant que ce sont lesdits Bonnet & Morin qui sont les seuls & veritables Accusateurs, pour ne pas dire les Calomniateurs.

La preuve que ce sont eux qui sont les Accusateurs, resulte de ce que les deux Servantes ont en la Confrontation accusé Bonnet en plus de quinze articles de leur avoir fait peur, & que c'est par les menaces qu'il leur a faites de leur faire bailler les gesnes, qu'elles ont déposé par leurs derniers Interrogatoires de l'Assassinat qu'elles ont retracté, & la conduite qu'ils ont tenuë en les faisant mettre dans les cachots à l'instant desdites Confrontations, pour les faire dédire, comme ils ont fait, aprés six jours de Cachots desdites Retractations : N'est-ce pas une marque visible qu'ils se sont voulu justifier eux-mesmes de n'estre pas les veritables Accusateurs ? Et n'ont-ils pas donné un témoignage public qu'ils sont les veritables Accusateurs, en soûtenant à l'Audiance ledit Morin present, que la Suppliante a tué & fait tuer son mary, & qu'elle a commis adultere? Et comme ce sont les deux crimes les plus énormes que l'on puisse imposer, puis qu'il est justifié que le mary de la Suppliante est vivant, & qu'elle a plus de quinze Lettres a elle escrites par son mary depuis 1692. jusqu'à present, pleines de tendresse, d'estime & d'amitié pour elle, & qu'il l'est

venu voir trois fois depuis 1692. qu'il fuft à l'Armée ; &
notamment au mois d'Avril & le quinze Aouft de l'an-
née derniere : Comment Bonnet & Morin ont-ils eu la
hardieffe de faire plaider qu'elle a commis Adultere &
qu'elle a fait tuer fon mary, & n'ayant de preuves ny de
l'un ny de l'autre de ces deux faits ? Et Comment peuvent-
ils s'exempter de luy faire reparation ? Et comment ont-
ils la hardieffe de demander, comme ils ont fait par leur
Requefte du dix-neuf Fevrier dernier, qu'elle foit ren-
voyée devant eux pour luy faire fon proces, elle qui n'eft
pas dans leur reffort, & qu'elle foit condamnée en dix
mil livres de dommages & interefts pour fe vouloir fouf-
traire de leur Jurifdiction pretenduë ? & ayant ainfi attaqué
l'honneur de la Suppliante, & enlevé tous fes biens, &
fait éclater cette affaire dans tout le Royaume.

Comment peuvent-ils fe difpenfer de luy en faire une
reparation proportionnée à l'injure qu'ils luy ont faite
fans preuves, fans fujet & fans raifon ? & Bonnet & Morin étans convaincus d'avoir fait une fauffe accufation
contre le Juge de Romorantin, & le Prevoft de Châtillon par leur procez verbal du vingt ou vingt-un Janvier
dernier, qui eft contraire à un autre procés verbal fait
le mefme jour, dans lequel l'edit Morin a figné avec lefdits Juges de Romorantin, Prevoft de Châtillon & autres
Officiers ; & fur le fondement de ce procés verbal fait
par Bonnet & Morin feuls, Monfieur le Procureur General ayant fur le Veu d'iceluy obtenu un decret d'adjour-
nement perfonnel contre lefdits Juges de Romorantin &
Prevoft de Châtillon, ces deux Officiers ayant efté intimez
& fuby interrogatoire, & efté envoyez de l'accufation fur
les Conclufions de M. le Procureur General, par Arreft con-
tradictoire du 30. Avril dernier; n'eft ce pas une preuve vifi-
ble qu'ils font les accufateurs contre la Supliante, mais auffi
qu'ils font accoûtumez à former des fauffes accufations.

Et comme lefdits Bonnet & Morin ne fe font pas conten-
tez de former & continuer celle dont il s'agit, quoy
qu'ils fuffent incompetans depuis & au prejudice des fignifications à eux faites à la Requefte de la Suppliante

les

les vingt & vingt-sept Septembre dernier & jours suivans, que le crime estoit supposé, & des Actes justificatifs de la vie & existance actuelle dudit sieur de la Pivardiere mary de la Suppliante, & que Bonnet & Morin
ont fait une declamation à l'Audiance, par laquelle ils
ont eu la temerité d'accuser la Suppliante d'avoir assassiné & fait assassiner son mary, & l'ont aussi accusée
d'avoir commis adulterre, bien qu'il n'y en ait aucune
preuve au procez : il s'ensuit que Bonnet & Morin, ny
lesdits Officiers, Promoteur & Vicegerant, qui ont aussi
fait faire une déclamation publique à l'Audiance contre la Suppliante, sur laquelle ils n'ont aucune Jurifdiction, la Suppliante est necessitée de s'en plaindre &
d'en demander dés à prent justice à la Cour contre lesdits Officiers de l'Officialité ; & à l'égard de Bonnet &
Morin, comme ils doivent rester partie sur l'accusation
dont il s'agit, la Suppliante conclurra en temps & lieu
contre eux en la réparation civile, si tant est que la
Cour ne trouve pas à propos de la prononcer dés-à-pre-
sent contre eux : Et comme lesdits Vicegerant, Official
& Promoteur, ont esté mis en cause sur l'appel comme
d'abus interjetté par ledit Charrost, de leurs procedures, & qu'ils ont Procureur constitué en cause, la
Suppliante a esté conseillée de bailler la presente Re-
queste.

Ce considere', NOSSEIGNEURS, il vous
plaise en premier lieu, recevoir la Suppliante partie inter-
venante en la cause d'appel comme d'abus entre ledit
Charrost d'une part, & les Official, Vicegerant & Promoteur de Bourges d'autre ; faisant droit sur l'interven-
tion, dire que la procedure de l'Officialité, en ce qui
concerne la Suppliante, est nulle & abusive, que le nom
d'icelle Suppliante sera osté & rayé desdites procedures ;
& pour l'y avoir nommée, les condamner à luy en faire
réparation d'honneur, avec dommages, interests & dépens, esquels ils seront condamnez solidairement.

Et en deuxiéme lieu, en adjugeant à la Suppliante les

Conclufions de fa Requefte du   Juin dernier, or-
donner que Bonnet & Morin pris à partie , feront tenus
de faire faire à leurs frais , fuivant l'Ordonnance, la nou-
velle inftruction de l'accufation dont il s'agit , devant
les Juges où elle fera renvoyées, dans fix femaines ; & à cet
effet y refteront partie , pour y prendre contre eux telles
Conclufions qu'elle avifera, en cas que par l'Arreft qui in-
terviendra, elle ne foit pas dés à préfent envoyée abfoute,
comme fon mary l'a requis , & les condamner aux dépens des caufes d'appel & prife à partie : Et vous ferez
bien. Signez , Marguerite Chauvelin , & Labruere :
Et plus bas eft écrit, Viennent les parties au premier jour
en la Chambre de la Tournelle. Fait en Parlement le
troifiéme Juillet mil fix cens quatre-vingt-dix-huit.

LABRUERE, Proc.

PErmis d'imprimer. *Fait ce onziéme Juillet mil fix cens
quatre-vingt-dix-huit*. Signé, D'ARGENSON.

De l'Imprimerie de la Veuve Claude Mazuel, fur le
Pont Saint Michel, à la Levrette.